JN409260

2010년 국제문화예술협회
문학상 수상시집

허허벌판

도서출판 채운재

雪泉. 徐龍德
By Author : Abraham Yung So
문학서재 http: //myhome.mijumunhak. com/ays/
e-mail: us33arirang@hanmail.net
1-(907)980-1179(c)

허허벌판

초판 인쇄 2010년 12월 20일
초판 발행 2010년 12월 25일

지은이 서용덕
펴낸이 양상구
웹디자인 김태완
펴낸곳 도서출판 **채운재**
주소 100-861 서울시 중구 충무로2가 49-8
(서울빌딩 202호)
전화 02-704-3301
팩스 02-2268-3910
핸드폰 010-5466-3911
이메일 ysg8527@naver.com
정가 10,000원

허허벌판

네 번째 詩集을 발간하면서

창문 너머 홍초(칸나)가 고개를 길게 내밀고 빨갛게 피어 있었다. 한순간에 너무나 아름답다는 표현이 꽃송이를 뚫어지게 바라보는 시선, 이렇게 놀라운 가슴 속 허허벌판에 꽃이 보이는 순간이었다,

그 후로 화단에서 꽃과 같이 있는 시간이 많아졌다. 어느 사이 이만한 꽃밭 구경을 하면서 가슴 가득히 꽃을 훔쳐보는 버릇이며 습관이 되었다.

그렇게 꽃을 좋아하던 것이 봄철이 되면서 무언가 형용할 수 없는 기쁨이 솟는 환희였다.

한겨울 동안 얼어붙었던 화단에는 비단실 바람과 옥수 같은 햇살로 쪼아 노란 숲으로 솟아오른 수선화 싹 둥지의 반가운 소식은 첫사랑의 홍초를 본 기억보다 입이 찢어지고 가슴 터지는 감정 그대로는 무슨 말로 글로 노래로 표현하기가 어려웠다.

이렇게 꽃을 사랑하기를 벙어리 냉가슴보다 더 앓았던 유년시절로 시작한 나의 허허벌판에는 항상 꽃이 가득 피어 있었다.

나와 꽃은 보이든지 안보이든지 항상 허허벌판에 만들어 가는 꽃밭에서 시작하였다. 이렇게 꽃을 가지고 있으면 혼자 있어도 외롭지 않았다.

그런데 이제는 꽃보다 더 좋은 꽃밭을 가지고 있는 이것이 바로 詩였다. 아마 유년시절의 꽃이 피고 진자리에 장년이 된 지금은 열매가 된 詩가 아닌가 싶다. 사시사철 꽃 같은 시를 허허벌판에서 즐거운 시간을 알게 되었다.

올해도 내 나이만큼 찾아오는 계절을 맞이한다. 계절마다 다르게 만들어지는 꽃밭에서 시를 쓰고 있다. 이것이 또 다른 삶의 밑거름 같은 흔적이다.

지나는 흔적으로 꽃밭에서 시작하여 꽃밭에서 놀다가, 꽃밭으로 가는 날까지 꽃밭을 떠나지 못하여 꽃을 피우고 꽃으로 가꾸는 글이 시가 되었다.

미당 선생께서 "한 송이의 국화꽃을 피우기 위하여 봄부터 소쩍새는 그렇게 울었나 보다" 그렇다. 아름답게 피어나는 꽃이라면 누군가는 슬피 울어야 하는 아픔이 있었다. 그 아픔이 승화되어 가는 꽃을, 그 꽃을 사랑한 만큼 죄罪가 되어 벌을 달게 받고 있는 것일까? 이제는 꽃보다 시가 지천으로 널려 있다.

그 많은 시를 모르나니, 아니 시를 읽을 줄을 모르니 시를 모른다면 시가 쓰레기라 한다. 그래도 나는 시가 좋아 즐겨 쓰는 습관이라면, 내 영혼이 뛰어나오는 대로 쉬운 뜻을 은폐하여 비틀어 감춘다. 심술부리듯 보물찾기 마냥 어렵고 난해한 시가 좋은 시인 줄 알아 쉬운 말을 감추어 쓰기를 좋아했다.

그러나 아무리 읽어 보아도 이해할 수 없는 시는 시가 아니라 한다.

21세기는 문학의 문제가 지성인의 사회가 되어 문학지의 홍수시대가 되었다.

이 중 시집 한 권에 90편의 시에서 읽을 만한 시가

3편밖에 없다고 하는 평자들의 진언이 내가 출간한 시집을 보고 하는 말처럼 사형 선고같이 들린다.

저명한 평자가 단 3편뿐이라 하면, 독자에게는 시도 글도 아닌 쓰레기 같은 취급은 당연한 일인 것이다. 이 얼마나 부끄러운 일인가.

시인의 시라고 하여 함부로 시집을 발간하는 일이나 시인으로서 시를 쓰는 일조차 두려워진다.

그러나 이번에 출간하는 제4시집은 평자의 평대로 독자들이 뽑아주는 시 3편이라도 냉철한 심판을 받고자 하는 일이다.

끝으로 부족한 작품 좋은 글로 서평하여 주신 도창회 교수님, 제4시집으로 묶어 편집과 출판을 애써주신 채운재 대표님, 그리고 미주한국문인협회, 서북미문인협회, 한국농촌문학회에 감사드립니다.

알래스카

설천 서용덕 절

| 차례 |

제 1 부 | 허허벌판에 꽃

제2부 | 허허벌판에 봄

제3부 | 허허벌판에 여름

제4부 | 허허벌판에 가을

제5부 | 허허벌판에 겨울

| 평 설 |

제1부

허허벌판에 꽃

허허벌판

쉬지 않고 드나드는
생생 바람이 콧구멍 모르게
제자리를 떠나
산 넘어 강 건너에 있다기에
찾아 가보나 아무도 없고

바싹 비틀어진 허허벌판에
모래바람으로 묻힌 풀 한 포기는
한철 머무는 동안
단비만을 기다리는 통증 안고
온전히 부서지지 않는 하루를
하늘가 저쪽을 바라보며
애간장을 태우고 있는가.

뻥 뚫린 가슴

무거웠던 세상사
다 내려놓고
더 이상
아무것도 받아들이지 말자.

채워도 채워도 차지 않는
터진 입은 막창으로
받아 들고 채워 가지만
똥구멍으로 쏟아 버리는
지독한 냄새 덩어리

뻥 뚫린 곳에
세상 만물로도 메워지지 않는
가득 차야 보일 것이 보이고
비어 있어도 후련하지 않은

찾아도 찾지 못하던
하늘이 홀딱 벗고 뻥 뚫려
막혔던 가슴이
시원하게 뚫린 하늘을 본다.

보름달

아직도 끝나지 않은
계절이 변하는 데로
산천이 변하여도 사랑을 찾아
기다리며 살아간다.

물이 만 수로 차오른 바닷가에
난포에 차오르는 난자에
못 먹은 송편도 있지만
못 보는 보름달도 있다.

가을이 말갛게 익어가는
팔월 보름이나
이른 봄을 마중하는 정월 보름에
송편만 있어도 나물만 있어도
보름달에 빌고 비는 차례 상

아직 끝나지 않아
하늘색이나 물색 변하는 대로
너와 내가 찾아가는 곳이
둥글게 영글게 채워가던 보름 얼굴.

가야금

활시위 열두 줄을
가슴에 눠어 늘어서
큰 화살 굵은 줄을 뜯어가며
애기 화살 가는 줄 튕기면
영혼에 떠도는 파편들이
녹아나는 애간장이
가슴을 안아 우려내는
나비 되어 살풀이춤을 춘다.

늘 무르팍에서 다독거리는
떠나는 것을 찾아 부르는
부픈 소리 설은 소리로
팽팽하게 튕긴 아픈 소리들이
가슴을 뜯어 쌓이는
마음만 쓸어도 터지는 소리
간직할 수 없어 뛰어나오는
애타게 부르는 익은 소리들이
섧디. 섧게 녹아나는 가슴 틀.

비밀

꼭 한번은 찾아보고 알아보렴.
묻는 말대답은

무엇인가
무엇일까
무엇이냐 하는
보이지 않는
똑같은 것 찾아야 한다고

내가 없는 세상은 없으니까
내가 알고 있다는 것을
진실이라면 숨기지 말고
어서 꺼내 보여라
차라리 영원히
꼭꼭 숨겨 버려라

그것참 알 수 없는 비밀이야.

진실

겉 사람은 알면서도 말하지 않고
속 사람은 견딜 수 없어 말하려다
말하는 순간 따돌림이 두려워

돈 때문에 말할 수 없다고
돈 때문에 묻어 버리는 진실
속 사람마저 병든 거짓을 꾸미고
진실은 돈이 안 된다고

돈 때문에 팔아버린 것이
믿을 수 있는 것이 무엇일꼬.
자신을 속이는 것조차 묻어버린다.

말 못하는 진실이 살았다면
누군가 말했던 진실은 죽지 않았다.

질투

꽃을 보아도 별을 보아도
내 것보다 빛나고 좋아 보여
풍기고 뱉어버리는 생각

가지고 싶었던 것을 빼앗겨
날카롭게 바라보는 통증
치료할 수 없는 고질병의 독성

내 것으로 차지하지 못해
큰사랑으로 밟히고 깔려버려
눈빛으로 쏘아대는 저주의 화살

질투는 저주의 선물이며
욕심으로 피어 있는 미소는
생피 맛을 찾는 갈증 난 혓바닥.

희망

마른자리 젖은 자리 가려
준비하는 모든 일들이
추수할 단으로 거두려
이른 비와 늦은 비로 내리는
심판만을 기다리는
뿌려지고 심어가는 씨앗들

촉촉한 새벽 비에 싹이 뜨고
단내나는 훈풍으로
석양빛으로 익어갈 때
바람은 계절을 기다리지 않고
강물은 사람을 기다리지 않는
설레듯 흐르는 기다림이다.

사랑의 혁명

불태워 밤새워
기다리는 여명은
강물같이 넓고 깊어
소리가 없다

순간순간 바람이련가
느낄 수 없는 부드러움
모든 것이 새로운
변화를 일으킨다.

사랑의 순간은
그것만으로도 좋은 일이다.

사랑의 호흡

봄은 내 나이만큼 왔다 갔지만
한 번도 느껴보지 못했던
사랑의 뜨거운 호흡을
연인의 치마 속에서 펄럭이는
봄바람을 보았다.

끓는 심장은 내 손목을 잡아 이끌고
물오른 계곡에 이르러
훈훈하게 익은 바람을 타고
거친 숨소리로 헐떡거리며
해산의 고통으로 남긴 타는 몸부림

언 땅에도 뿌리깊이 파고든
부푼 바람 소리가 녹아
으~윽 흐흐~응 껍질이 터진
봄바람 뜨거워 꽃이 피어나듯
애인의 치마 속은 펄럭펄럭.

사랑의 방정식

너와 나는 강력 접착제라서
만나기만 하면
같이 닮아 가야 할 일
둘 중의 하나는
보태거나 덜어내야 할 어깨로
같이 잘 맞아야 하는데

오래오래 견디려면
너의 왼발 먼저
나의 오른발 먼저
짝 재기 걸음이 틀려
차고 더운 손발이다.

발걸음만 맞으면
손발 따스워
철로 위에 기차 타고 떠나자.

부부싸움

부부 처방전에 이렇게 적혀 있었다.
싸움을 하게 되면 독이 되고
서로 양보하면 충만하여 새롭다.

참아서 쌓인 것이 뭉쳐 있다가
폭발하는 순간은 맹독이지만
해독제는 웃고 웃는 것이 묘약이다.

웃기만 하면 우주의 자양분이
만사 부러울 것 없는 행복이
마음으로 뿜어나는 향기 가득한
팽팽하게 부풀어 오르는 새싹이다.

놓아주지 않는 사랑

떠나버린 사람이
놓아 주지 않는 사랑이
보름달 싱싱한 밤에
건져 보았더니 보입니다.

다가서는 모습은
감추거나 숨기지 않고
불기운으로 솟아나
떠나지 못하고 떠나지 않습니다.

한번 떠나버린 것은
돌아오는 길을 잃어버리는데
찾아 와 놓아주지 않는 사랑은
온몸으로 반겨 안아야만 했습니다.

생각나는 대로 하는 대로
생생하게 당기니 가슴만 탑니다.
빈자리에 태울 것이 남았던
숯등걸에 댕긴 불이 뜨겁습니다.

잠 못 이루는 밤

누가 단꿈을 꾸는가.
숨도 거칠게 코를 골면서
어둔 밤을 품고 단잠을 잔다.

어둠이 불면증을 앓아
별빛을 지켜보는 일이고
별을 기르는 일이 되어
어둠을 지켜 주는 것은
누구든 무엇이든
늘 깨어 잠을 자지 않는다.
육신은 편한 잠을 자지만
혼령은 밤새워 잠을 자지 않는다.

어둠을 헤아리는 세상이나 내가
깊고 얕은지 넓고 좁은지
길고 짧은지 무거운지 가볍던지
눈을 감고 있는 시간에 따라
안고 있는 생각의 틀이 별이고 꿈이다.

그리움 5

머나먼 그곳이 어디라도
강 건너 산 넘어 만날 수 있을까
어느 곳에 있다면
천리만리라도 찾아가련만
빈 하늘로 채우던
그리움만 헐떡거린다.

산도 강도 아니라면
마음 건너편에 있다는
가지고 있는 것이 더 많은
깨지기 쉬운 것이 더 많아
목숨이 짧아지고 있어서
자리를 비울 수도 없고
꼭 지킬 수밖에 없는
믿는 만큼 가슴을 속이고

이럴 줄, 텅 빌 줄
허공일 줄 알았다면
그럴 줄 차라리 몰랐다면
그리운 가슴은 없었을 거야.

그리움 6

잠시라도 안보이면
곁에서 찾는 것이
가득한 것 전할 수 없는
깊은 밤 혼자 앓는 언어는
어둠 끝으로 풀어 나는 모습

길이 있어 임이 있는 것이 아니라
임이 있어 찾아가는 길에
빈손 들고 찾지 못하는 것은
결국 빈손으로 찾아가는 것이

임은 아무리 멀리 있어도
그리움으로 넘실대는데
그것이 반가움의 시작이던가.
사랑의 끝이던가.
가슴에 뭉치는 심장만 붉어진다.

그리움 7

혼자이면서 둘이라는
보이지 않으면서 보이는 얼굴
임은 끝이 없는 모습이기 때문에
임은 매력 있는 마음이 아닌
외로운 가슴으로 지켜보는 것을
지금까지 살아오며 가면서
구구절절한 사연은 묻지 않고
가슴 벅찬 내일의 꿈을 나누는
젊은 청춘이며 연인이고 싶은데
향이 가득한 차를 들어
젊은 피 가득한 가슴을 열고
끈끈한 사랑으로 나누던 것을
괴로움이 비처럼 내리는 날에
외로움이 눈같이 쏟아지는 날에
슬픔이 새록새록 잠든 밤중이라도
임은 친구를 찾고 기다리는 것은
못 견디게 애타는 숯불로 안고
먼발치에서 훔쳐보는 모습이 아닌
우리 서로 연인으로 다시 만나기를
아직도 그리움으로 간직하려던가?

제2부

허허벌판에 봄

봄이 오는 소리

설. 설. 설
날리며 숨죽인 소리들이

배불러오는 북소리 두들겨
젖가슴으로 보듬어
햇살 간지러워 웅크리다
햇빛 반가워 웃다가
햇볕 뜨거워 녹아난 가슴

한 세상을 볼 수 있다면
죽을힘으로 달려와서
흐드러지게 피어나는 춤사위
흙 기운 널브러진
마른 땅을 덮어버리고

둥. 둥. 둥
울리는 소리로 가득하구나.

2박3일

댕기 풀어 백년가약은
새콤달콤 새집 지을 때
이틀 밤 사흘 불 밝히고

높은 산으로 정복하던 날
이틀 밤 사흘 낮 피웠던
동네마당 가득한 웃음꽃들이

꺾어진 날개 접어둔
영정 사진을 이틀 밤 사흘 동안
마지막으로 지키던 혼백마저

강물에 동백꽃으로 떨어지면
이틀 밤 삼일이면
유유히 바다에도 떠있겠지.

강물

소낙비나 이슬이나 눈물이든
선을 그어댄 세월을 모아
넘지 못할 거리를 두고

펄떡펄떡 뛰는 핏 줄이
잔주름으로 도랑이 되어
강물로 흐르는 붉은 생명

팽팽히 늘어선 전선 위에
새 떼가 앉았다 간 자리에도
선을 그어 돌아간 시간

분초를 넘어 따라온 길
세월은 줄을 그어 접어온 것
나이는 길을 접어 모아온 것
붉은 강물은 염통을 돌아서 간다.

길

시간에서 끝이 있다면
그 끝이 보이던가.
끝이 있다면 꿈으로 가득 채워
올려 보는 저 하늘이나
발밑에 짓눌렸던 자유는
밤새 맺은 잎사귀에 자라난
영롱한 방울들이
오늘의 문제를 가지고
한 줄기 시선으로
증발해 버린 허무였던가.

들려 메고 기다리는
어제는 오늘로 새겨져 버렸고
내일 있다고 말하면서
오늘 일로 끝내 버리려고
차례대로 미루는 시간으로
지금까지 쌓아왔던 길이던가

걸어왔던 길보다
보이지 않았던 길을
쉬지 않고 찾아가는 길이련가.

후유증

당신과 타오르는
불길이 사라지자

꺼 저버린 사랑으로
오가던 길 알 길 없고

달빛마저 차갑게 식어
소리 없이 눈물을 쏟는

새까맣게 타버린 밤에
새까맣게 타버린 가슴으로

흐느끼는 내가
느끼는 당신을 찾는다오.

선택

하는 일이 무엇 이길래
사랑이냐 예술이냐
신이냐 영혼이냐
악마 아니면 천사
둘 중의 하나를 품으려다

소유할 것이 무엇이며
다급하던 일이 무엇이더냐
생명줄의 구원은
바람 앞에 등 불같은 운명은
생존 아니면 도덕
명예 아니면 부귀였더냐

당장 급하여 우선 할 일이
무대와 배우는
남자와 여자는
전쟁과 평화는
둘 중 하나를 택하는
오로지 정복자의 꿈인 것을.

절규

햇빛이 햇살을 말리기 위해
쨍쨍 갈라 바늘 박아 내리고
빗방울을 가르기 위해서 부서져 내리며
눈송이 날개 없이 얼어붙어 날리고
바람은 관절 틈새로 비집고 불어오면
석양빛으로 서늘하게 식은 것이 아프고
이러한 시간으로 붙잡힌 것도 아프다

아픔마저 놓아 버리면
여명으로 새벽 하늘은 열리고
열린 눈으로 신의 은총을
눈이 아프도록 기다리는 사람들이
마음이 부서지는 절규
떠나는 모습이 몸부림치는 절규
흔적도 멀어지는 절규로
묻히는 세월이 멀어지는 세월로 떠난다.

나를 놓아 주세요

더 이상
시들어 버리기 전에
나를 놓아 주세요
사랑한 만큼 껴안아 주고
미워한 만큼 내버려 두세요
소중했던 그대로 보내 주세요.

더 이상
추한 꼴 보이지 않으려
사랑에 불타버린 가슴에
지독한 분 냄새가 남았어도
소중한 진실이 껍질로 남았을 때
나를 찾아가게 놓아 주세요.

모르리라

한철 꽃피웠던 세상에서
머물고 싶어

용기 있다는 모습으로
떠나고 싶어

황홀한 무아지경으로
만나고 싶어

죽어서도 영원히
안기고 싶어

살아간다는 것이
무엇인지 모르리라
알 것 같은데 모를까
살아 있다는 것도 모르리라.

빈 의자

지쳐 있는 아픈 시간을
편안히 쉬어가며
맡기고 싶은 곳

빈자리 같아도
하얀빛 가득한
바람이 무겁게 앉아 있을 때

빈자리 없는 세월은
빈자리라 깔아뭉개버린
세월이 앉아가던 자리

추억으로 만들어진
싱싱한 사랑이 지키고 있다.

누구십니까

뉘신고?
네~에. 봄이라 하옵니다.
수선화 민들레 개나리 유채꽃
노란 숲으로 가져왔습니다.
햇살 좋은 날에 뿌리 내린 것이라면
벌 나비를 불러 축제놀이입니다
다음은 여름이라 붉은색을
그다음은 가을이라 흰 꽃을
겨울에는 하얀색을 가져옵니다
봄은 청색에 노랑 꽃이면
여름은 빨간색에 붉은 꽃이고
가을은 흰색에 하얀 꽃이면
겨울은 검은색에 하얀색이라
내 좋은 색은 무슨 색이더냐
주인장님 속에 든 색은
하늘 땅 그 가운데 있는
욕심대로 가져간 총 천연 잡색이옵니다.
무색 같은 순색이 없었다더냐.
어찌 아니 있다 없다 하오리까.

이제 알았네

그 사람을 알게 되어
지독한 통증으로 앓습니다.

가슴 속에 동거인으로
온다 간다. 없이 훌쩍 떠나버려
떠난 후에 그 사랑을 알았네.

싫어서 떠나면
그렇게 좋을 줄 알았는데
병으로 무섭게 퍼지고 커질 때
그것이 무엇인지 이제야 알겠네.

진심을 알았을 때
누군가를 닮아가는
길이 다른 진실을 알았네.

위기의 순간

혼자 가던 길로 가다 보면
정말 혼자일 때가 있을까

어둠 속에 파묻혀
굳어지는 발걸음이
무거운 마음으로 끊겨 버린
한순간이 정말 무서워질 때

아찔아찔한 현기증은
식은땀으로 밤을 하얗게 새우면
놓지 못한 구겨진 마음이
뒤틀어지는 세상으로만 보인다.

거기 누구 없소
나의 빛 되신 구원자여
맺힌 것 풀어지는 길 좀 일러주소.

꽃 바람

적도에서 따끈따끈 노는 햇살에
내가 담아 온 봄바람은
붉은 눈 뛰는 가슴으로 왔는데

꽃가지 향기 젖어 취하여
바람맞고 정신을 내려놓지 말고
꽃 바람 쏘이고 마음 흔들리지 마소

저 산에 강바람이 구름 떼를 몰고 오면
사내들은 물오른 꽃 바람을 몰아와야
아낙들이 봄 향기에 물씬 젖는 거야

강산을 깨우고 얼음을 녹인
봄바람 뜨거운 새싹이 반들반들
꽃 바람이 꽃으로 달려와 안긴다.

이방인의 탱고

고향은 나를 낳아
추억을 심어주던 아리랑이
타향에서 배우는
빙글빙글 춤을 추는 탱고
영양가 좋은 초원으로 찾는 곳에
이름도 묻고 고향도 묻지만
나이 묻고 출신을 묻지 마라
내 얼굴 찌들어
묻어나는 눈매나 보고
어딘가 아픈 곳을 싸매주며
주린 배 따뜻한 한 끼 밥이나
어울려 먹을 수 있으면 좋아
이 땅으로 멀리 찾아온
그대는 어둠을 반항하는 선구자로
당신은 문명을 저항하던 원주민으로
우리는 뿌리 강한 이방인으로
서로 다른 것을 알지 못하면서
채찍 맞아 돌아가는 팽이 같지만
이 사람이 누구냐고 묻지를 말라.

제 3 부

허허벌판에 여름

검은빛

날마다 바라보는
눈빛으로
별빛으로
햇빛으로

색색으로 물들인 세상은
검은색이 많다지만
그 빛으로 알 수 없는
마음속을 들여다볼까

잘 보이도록 깨끗한 색이
공간을 채워버린
아무도 알지 못하는 마음은
검은빛이나 하얀빛이나
반쪽으로 빛나는데.

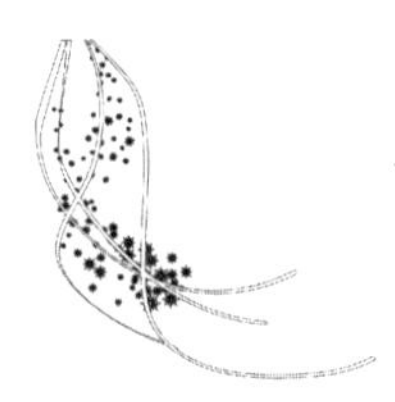

관계

밖으로 만들어진 것들과
안으로 만들어 가는 것들이
같은 것끼리 닮았던지

커다란 지구는 밖으로 돌고
무거운 마음은 안으로 돌아갈 때

하나의 지구를
두 눈동자로 보며
둥그런 지구를
네모난 마음으로 본다.

안 팎을 감싸고 흐르는
보이면서 보이지 않는 끈
알 것 같으나 모르는 관계로
무관심을 흔들리게 하는
침묵은 지구보다 마음보다
나를 알지 못하면서 닮은
잘 못 만들어진 것을 숨기는
네모난 마음을 모르고 있었다.

떠드는 소리

나를 버렸는데
버리지 못하는 것

모든 것을 바라는 소망은
기쁨으로 구하지만

말 못하던 고백을
울부짖는 통성으로

가진 오물을 토해내는
큰 입 떠벌리는 모습이

모든 것을 바라고 있는
떠드는 소리

벌거벗지 못하고
숨기고 감춘 것이 부끄럽다.

깊은 잠

세상에 놀던 것이
하늘에 있고
하늘에 있던 것이
마음에서 느끼고 있다

마음으로 보이는 하늘은
참 빛일까 하는
우주의 불멸의 질서가
빈들에 가슴으로 기울면

마음이 무너진 곳에
밤낮으로 취하고 취하는
온전히 깨어나기를
깊은 잠은 숨소리만 조용하다.

믿음

당신을 모르기 때문에
가까이하기를 원합니다.
당신을 아는 만큼 믿는 것이
나를 알고 나를 맡기는 것이

기적의 증거 나의 희망은
오직 당신과 함께하는 것
나를 알고 있는 당신이기에
진심으로 당신을 원하여 믿습니다.

당신께 맡긴 모든 것이
믿음으로 구할 수 있다고
이쪽에서 저쪽으로도 믿습니다.
오직 당신만을 의지합니다.

인생병원

환자 되어서
인생병원에 입원하여
가슴 짓눌린 무거운 마음은
하늘도 집착하지 않으려
가벼이 날아 높아질 때
비워가는 마음은
허무한 게 아니라 가득 채워지면
소유하던 물건들이 숨이 막힌다.

한순간에
소유하던 것 다 버리고
홀가분하게 가벼이 날아본다.

무거웠던 먹구름 부서지는
끈끈한 눈물로 터져 내린다.

산다는 것은

머물고 싶다면
맑고 밝은 기쁜 표정으로

떠나고 싶다면
뒤 돌아오지 않는 길로

만나고 싶다면
죽어서도 영원한 세상으로

즐기고 싶다면
황홀한 무아지경으로

산다는 것조차
모르고 지나는 일이
전혀 모르는 일로
아직도 알 수 없는 일.

위대한 선물

당신이 떠난 뒷자리에
진실이 남아 있었어요.
그것을 알기까지는
사랑은 뜨거움으로만 알았어요.

뜨거움으로 받아 둔 당신을
버리기도 잊기에도 힘들어하고
사랑은 진심으로 찾아가는 길이었어요.

당신을 알고 싶어 했던
사랑은 위대한 선물이었어요.
진실 앞에 한 송이 꽃이 되지 못하고
끝까지 함께하지 못하는 내가 부족했어요.

끝까지 당신의 사랑으로 아파하며
내 영육에 가득한 당신의 영광은
나 자신을 태워버리는 사랑이었어요.

배꼽

마른 호흡은
우주의 정기로 채우고
젖은 흙으로 아물어

정수리로 통하는 한가운데에
가끔은 눈물로 채우던
어둠의 끝이요
빛의 시작이었다.

샘물

넓고 깊은 곳에
출렁이는 파도는
바람 부는 대로 모양 다르듯

옹달샘은
바람도 없는 이슬을 담아

마음 깊어서 마르지 않고
흐르는 땀이라 파도치지 않아
촉촉이 고여 넘치는 단물뿐이다.

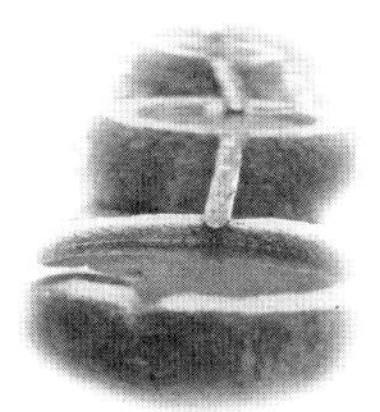

외계인

하늘이 축제로 열리는 우주대회
자연의 원시시대와
문명이 꽃핀 과학의 시대로

듣는 것보다
보아서 성숙해지면
나보다 크게
너보다 밝아져
서로가 서로를 알아보는 세상
모두가 함께 만들어지는
이 땅에 우주 시대는
서로 다른 외계인이 되어간다.

북극성 Polaris

번들거리는 별들이
마른 강으로 가득 흐르면
붉은 별이나 한 국자
푸-욱 퍼 담아 헤아려

국자 끝에 왕 초롱 밝히고
심지 깊은 뿌리는
제 할 일을 고집하며
자리 떠나지 않고 지키는 일

어둠에 정신 잃지 않도록
폭풍에 조각나지 않도록
어둠을 뚫고 폭풍을 막아
마른 강가로 세상 밝혀 주는
눈을 씻어 바라보는 등대지기.

하품

어둠 속에 갇힌 새는
날아보지 못하여

여명이 밝아 오거든
붉은빛이 물들거든

맞바람에 달군 얼굴은
부서진 소리로 터치며

믿을 수 있는 것보다
믿을 수 없는 것들이

설익어 찢어지는
노곤한 입김으로 토하고 있다.

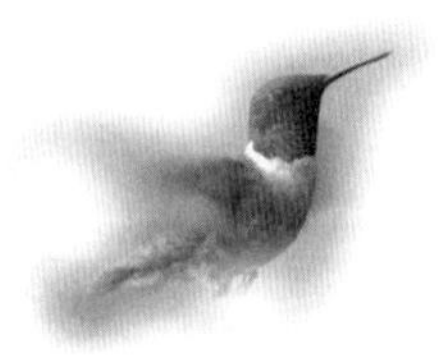

커피 타임 coffee Time

피보다 진한 것이 사랑이라면
사랑보다 검고 지옥보다 검어
또 다른 신(神)이라 부르는 커피일까?
적도를 이글이글 지진 영혼을 우려
천상을 달군 소리를 흘러 내듯이
시간표 없이 새벽부터 찾아 부르면
만날 때마다 천 가지 얼굴로
만 가지 마음을 풀어내어
질근 묶어 참는 고통이 쓰디쓴
깊은 굴혈(掘穴)속 카페인의 참맛
한 잔의 뜨거운 눈물의 고백은
힘들 때마다 어금니 물고
가슴마다 막힌 마음이 뚫려
숨소리에 붙어 있는 불귀마저 좇아
혀끝 자리를 잡은 진한 맛이 더하면
사랑에 변함없는 친구가 되고
영원한 동반자 애인이 되어
한 잔에 담았던 천 가지 맛과 향은
만 가지 언어가 하나가 되도록
뜨겁게 검게 모은 함성이
갈증 난 네 영혼에 축배를 들어 상쾌하더라.

해바라기

새벽으로 마중하는
기다림에 홀린 듯 따라 다닐
같이 닮아가는 붉은색으로

밤새 쓴 내 나는 목구멍에서
마른침을 삼키며
멈추지 않고 바라다보는 것

빈 것으로 채워진 점박이를
고개 들어 올려다보는
타는 꽃으로 피어날 때

하늘 같은 마음은
태양이 부서지는 쪽으로
까맣게 그을려 익어가는 얼굴.

불타는 보석

전령사 입춘으로
매운바람 몰아내어
동토 땅에도 봄이 오는가
바삭바삭한 설원 속에서
묻혀 있을 수 없는 몸부림은
붉은 핏빛으로 물들어
수줍어 깨어나는 것을
불타는 꽃으로만 피우고 싶어라
뼈 시린 얼음 땅을 녹여낼
시인의 따스한 온기를 느끼고 싶어
7월에 태어난 홍옥으로 지키고 싶어라
이 땅에 머무르는 날까지
인생은 여행이며 문학이라고
흥겨운 예술의 무대라 외치며
시가 있고 노래가 있는 가슴을 태워
불타는 보석으로 꼭 안아
혼불로 태우는 불덩이로 빛나리라
알래스카에 우뚝 솟은 루비*로
뜨거운 심장 속에
따뜻한 가슴으로 영원히 빛나리라.

*루비(Ruby)는 붉은색을 띤 보석의 일종이다. 홍옥(紅玉)이라 한다.

살림꾼

멀리하는 일과
가까이하는 일들이
하나 더하기 하나는
둘이 되어도 맞는 답이고
하나 되어도 맞는 말은

마음 더하기 하나는
사랑을 살리고 집안을 살리는
살아 있어도 죽는 집안 살리며

텅텅 빈 가슴에
마음으로 더하기를 하는
미소 보태면 웃는 행복이고
기쁨 더하고 가득한 만족이
가슴으로 쌓이는 살림꾼이라.

꽃

나의 가락은 노래가 아니라
저절로 벌어지는 꽃이었다.
입이 커서 소리가 큰 입술이었다.

훤히 볼 수 있는 창문같이
하늘을 보면서 바람을 먹고
몸으로 흔들고 소리를 지른다.

그 소리 듣고 찾아오는
날개가 찢어지도록
날갯짓이 힘들어도
가락은 비어서 울리고 있었다.

저녁이나 새벽에도 비어 있고
이 시간에도 비어 있었다.

입이 커서 가슴이 비어
큰 소리가 된 가락은
비어 있는 가슴으로 울리면
꽉 차오르게 피어나는 일이다.

노안 老眼

해 지면 날 어두 어도
나이가 눈앞까지 차오르면
먹는 것만 밝아지는데
나이 들어도 어둔 눈 밝아진다.

눈 어두워 멀리 보는 법이
하늘이나 초원을 바라보면
시력이 좋아지는 법인데

큰 것이 먼저 뵈는 것이
욕심에도 독보기를 켜고
오장육부를 채우던
더 큰 확대경일 줄이야

날 어두워지는 것도
삶을 짊어진 무저갱 때문에
쉬엄쉬엄 쉬어가라 하는데
부질없는 부귀영화 챙기다가
하나밖에 없는 목숨만 잃을까?

제4부

허허벌판에 가을

뒷모습

진심으로 주고받고 싶었던
절실하게 원하던 것이라면
지금 못다 한 것을 가지고
그리움도 아픈 것이
가슴 속을 헐어버려
못다 한 사랑마저 놓고 간다.

떠나며 맡겨 놓은
멀어지는 뒷모습으로 보며
있을 수 없는 일들이
못다 한 일이 생각나면
발이 있어도 신발 없는 것이 설은
발 편한 신을 신고 뛰고 싶은
끝까지 달려갈 수 있는

쌓아두고 있던 것을
불덩이로 놓인 아픈 것이
다 쏟아 뱉어 고백할 수 있는
용서 못 할 것도 없는 용서가
쓰린 눈물로 씻어내는
끝까지 바라보는 뒷모습.

보면 볼수록

높은 산에
오르는 것은
멀리 있다는
하늘을 보며 세상을 본다.

바닷가에
서 있을 때는
수평선 저 멀리
허공을 보고 영원을 본다.

눈을 감고
끝없는 내 안을 보며
멀리 있었던 마음
가지런히 정리하여 보면
세상이 쉬지 않고 변하듯이
가슴 비어 있는 것도 변하며
가슴으로 느낀 것도 변하더라.

달리기

강물이나 바람이나 시간은
화살처럼 똑바로 가지 않고
내 모습을 휘감아 돌아서 가면

나는 돌고 도는 탑을 쌓아
탑 돌 이를 하며
어제가 오늘 같고
오늘도 내일 같이
빨리 도망치기 위해
앞만 보고 달리기를 한다.

내가 강물보다 빠르고
바람보다 빨리 달려온 것이
시간으로 잃는 것보다
얻는 것이 더 많은
몸이 늙지 않고 젊어졌고

어쩌다 하나씩 오는 행복보다
무더기로 오는 불행을 헤치며
땀방울을 한 말씩이나 닦아내며
젊음을 아끼지 않고 달려간다.

하루 지기

처마에 걸린 시간을
대문 밖에서 기다려
나 모르게 훑어가는
발정 난 바람은 그 치줄 몰라
끈적끈적한 구름 속으로
뒤엉켜 버려야 할
생령들의 무덤인가
끝이 없고
마침표 없다는 오늘
가슴 휑하니 쓸어가는
고개 든 회오리는 빙-빙-빙
내 얼굴에 처박힌다.
얼굴을 둥 그럽게 돌아서 가는
붉은 태양처럼 하루를 살았나.

종살이

가슴 시리도록 그리워
참을 수가
견딜 수가 없어
허전한 가슴을 채워보려
서로를 꼬옥 안기고 싶습니다.
웃으며 반기는 품 안에서
행복하게 느끼고 싶습니다.

황홀하게 피어난 꽃이 되어
이 가슴으로 남아서
향 짙은 꽃가루로 날려
짜증이나 투정도 부리고 싶습니다.

한순간 사랑하는 것만큼
호감으로 느끼는 만족은
잠시 허공에 떠 있는
순간을 떠나버린 영혼이었습니다.

나 가진 모든 것을 다하여
행복해지고 싶어서
살아난 숨소리 돌아온 영혼은
그 순간에 맛 들인 종살이였습니다.

문 앞에서

끌어당겨 나갈 수 있고
밀치고 들어갈 수 있는

몸과 마음을
깨끗이 닦고 씻을
문턱이 닳도록
나아가서 자복하고
들어가서 고백하여라.

문 앞에서 부름 받고
참 빛을 받으며
소망과 사랑을 구하는
쉬지 않는 호흡이었다.

여자의 유혹

거울 앞을 지날 때
어둠에 반짝이는 별이기를
화창하게 피어난 꽃이기를
포근한 가슴팍에 안기기를

끈적끈적 포개는 입맞춤을
한순간 혀끝이 새콤달콤한
마음 빼앗긴 시선을
회복할 수 없이
사랑을 구박하던 질투는
아픔으로 떠밀어 내는 사랑이었다.

모자란 사랑

체온이 닿은 데를 둘러보면
사랑만은 모자람이 없는데
왠지 가슴은 늘 허전한가
사랑 때문에 알몸으로 태어났는데
어느 때에 덮어씌운 검은 안경을 쓰고
사랑을 모르고 불쑥 키만 컸을까
눈을 들어 답답한 안경 벗어 던지니
사랑이 모자란 밑바닥이 보인
내가 알아야 할 소중한 것이
이렇게 모자란 사람일 줄이야
모자란 내가 있었기 때문에
인색한 얼굴이 차가웠고
모자란 내가 있는 곳에는
사랑이 넘치지 않았다
모르는 사랑 때문에
슬퍼할 줄 아는 날까지
가슴 뜨겁게 달굴 때까지
사랑만을 만들어 철철 나누어야 하겠지.

가슴이 뜨거우면

짝 잃은 기러기는
둥지 틀어 보금자리 두고
외로워 고독한 것일까

어둠의 끝이 여명인데
어둠이 절여오는 저녁때가
그리움이 찾아드는 가슴으로
사랑으로 갇히는 외로움이
고독을 불러 둘이 되어 있다

밤새워 씨름하다 지치는
새벽을 걷어버리는 허물은
하나가 아닌 여럿이 모여
가슴이 뜨거우면
샘물같이 솟아나던 눈물은
외로움은 언제나
불청객으로 찾아오고
고독은 스스로 만들어 가는
내 가진 재주일 것이다.

다시 볼 수 있다면

찾아 갈 수 없는 먼 곳이기에
가슴 절여둔 밀어를 감추고
그리운 얼굴 눈 씻어 보려다
만년설 거봉(巨峰)에 머물러 버린
그대 모습 거기 있어 보입니다.

그 얼굴이 뒤 돌아 나를 보았다면
어디론가 멀리 도망쳐 버리겠지만
또다시 만날 수 있다면
끝끝내 좇아가서라도
뜨거운 품 안으로 안아 보렵니다.

이대로 피어나는 꽃이 되겠다면
태산만큼이나
사랑했기 때문에 그리움만 쌓여
또 한 번의 우연이라면
운명의 화살은 꼭꼭 숨어
피할 수 없다지만
다시 볼 수 있을 때까지
언제나 기다리고 있겠습니다.

취하고 취하면

지천명 능선에서 이순을 바라보니
뼈속 채울 술 생각이 난다
실컷 취하면 말동무가 그립다

지금까지 견뎌온 걸음걸음이
단단한 주춧돌이 되었다 하건만
타국 땅에 얼크러진 것이
보기 좋은 것이 아니라서
이제 다 놓아 버리고 싶다

그까짓 부질없는 것 때문에
바쁘다는 핑계 둘러댔지만
텁텁한 소리 그리워 불러보면
언제든지 한번 건너오너라.

뼈속까지 허전하여 생각나는
해장국 선지 뼈다귀 건져먹던 고향이
아직도 팔팔한 기운으로 남았다니
그대 생각이 더욱 간절하구나.

혼자 하는 말

누구도 날 본 적이 없으나
질린 소리로 알아보고
느끼는 시간이야 많다지만
갈 곳은 있어도 쉴 곳이 없어
거칠 대로 거칠어진 모습이
천만년을 먹는 것도 없이
찬 것 더운 것 편 가르고
배고프고 배 부르는 소리는
맛을 잃어버린 말이라
생긴 대로 휩쓸고 뻰치고 느려 터져도
세상에 드나드는 문턱이 없으니
편히 잠들 수 있는 곳
나 있는 곳이라면
나 지나는 곳마다
지쳐 있는 야생의 바람이려나
쌓이고 쌓인 혼자 하는 말뿐이다.

읽고 버리는 글

갈증에 마시는 물이듯이
쓰는 글이 아닌 새기는 글이

빠른 윤전기 속도로
쏟아져 나오는 대로
읽고 아니 보고 버려지는 활자
꼭 필요한 사람들이 버려지고
꼭 필요하던 영혼이 메마르고
가장 필요한 새기는 글을 버린다.

단상에서 읽어 떨리는 성대보다
물 흐르듯 눈동자에 스치는 글들이
가슴에 고여질 만큼
마시지 못하는 흐르는 물 같은가

글 한 자 붙잡지 못하면서
지나는 자리마다 버렸던 글들이 쌓였다.

사과나무

에덴동산에 먹음직한 선악과는
천국이 있고 지옥이 있다는
전설의 이야기를 믿으며
쫓겨난 동산에 살면서
빵을 먹고 사과를 먹으나
밤에도 환한 전기불로 대낮 같다
이 시대 어느 곳에
에덴동산의 선악과가 있다 한들
에덴동산을 찾아갈 수 있는
지적도 있는데 번지수가 없어
찾아갈 길 막막하지만
시시때때로 먹음직하던 것이
오늘 망해도 내일이 있다 하여
한 그루 사과나무를 심으려 하나
뱀이 먼저 똬리를 틀고
"그 실과를 먹으면 눈이 밝아지는데"
내 목에 걸린 목울대만 삼키고 만다.

석류

목마르게 타는 노을빛보다
뜨거운 신열로 터지고 마는
이 모든 것이 핏빛이라고

돌이킬 수 없는 가슴을 찢어
상처로 치유할 수 없는
기다림의 해산

가마솥에서 견딜 수 없도록
끊임없이 끓고 있었던
붉어질 때까지 빛나는 홍보석.

가을비

눈에 가득한 하늘이
방울방울 부서져 내린다.

멧부리로 버티는
천년만년 쌓았다던 전설 위에
흩어져 떨어뜨리는 아픈 조각들이
무겁게 짊어진 시간으로
시간 끝에 모아진 얼룩들이
차갑게 시리게 쏟아지는 날
온몸으로 휘감은 바람은
떠나는 길목으로 지키며

뼈마디에 스며 저리도록 쌓아진
질기게 참아 버티던 눈망울로
부풀어 매달린 침묵은
마지막 잎사귀마저 훑어버린다.

늦가을 산행

가파른 길 오르는 일이
호흡 거칠게 구석구석에서 몰아친다.
삐걱거리는 무릎이 물오른 듯
반나절에 오르는 정상에
반듯하게 걷는 힘이지만
구멍 난 풍선은 일어설 줄 모르고
그나마 두 걸음에 주저앉아 쏟아
맵기만 하던 오그라진 고추는
낮은 산도 아득히 멀고 높은데

오색으로 활활 타오르는 길에
단풍 고운 늦가을 산행은
낙엽 되어 떨어지지 않으려
마음은 청춘으로 붉디붉게 술 익어
취하도록 마셔보리라
속고 속은 익숙한 젊음을 빌려
영혼에 가득한 잔을 들어
온몸으로 취하고 취해서
바싹 마른 장작불로 태워보리라
불탄 자리 검은 숯이 시뻘겋게
뜨거운 성대가 가늘게 떨리는 소리
타는 목마름에 시원한 물 한 모금이다.

제5부

허허벌판에 겨울

요양원의 초대장

어느 날 갑자기
일어나는 일이 모를 일이다
생생한 의식이나 기억을 잃어
어떻게 변해 가는지
모를 때가 이때인가 싶다

피하지 못하는 죽음
비켜가지 못하는 세월
날이 갈수록 어린애가 되어

지극정성 수발들어 돌보던
동고동락한 눈으로도 버림받고
떠밀려 갇힌 시설 방에서
아무리 힘들어도 가슴 터져도
보내야 하며 떠나야 하는

놓아버리는 핏줄은 식어 버릴 것이다
소중한 자리 터마저 빼앗겨
늙고 힘없으면 맡긴 곳이 그럴 것이다
가진 것 다 빼앗기고 핏속마저 뺏긴다
결국 먼 세상으로 편안히 내려놓은
떠나는 그날까지 빼앗긴 체

핏줄은 핏속으로 지켜 있어야 하는데
그 기억조차 오그라지고 사그라져
'으~흐흑' 터져 나오는 가슴을 짓눌려
번호표 없이 막차 기다리는 귀빈 우대석.

고질병

어느 날 날벼락 같은
무슨 일인지 몰라도
광장에서 광대들이 춤추고
치한들이 날뛰는 사냥터는
돈만 믿는 썩어 문드러진
이 시대의 고질병

통증을 느껴본 적 없는
가려움이 덮친 고름 딱지가
썩어 문드러져 떨어지는 살점은

사랑하는 것이 쾌락이라서
보고 듣고도 믿기지 않아
가슴 무너진 탄식으로 가득한
정수리에 마른 벼락이 꽂힌
신경이 무딘 화상 맞은 세상.

춤추는 손가락

소경은 지팡이만 잡아도
태양 같은 빛이 있었고
벙어리는 하늘을 보고
노랫소리 모르나 춤이 있었다

차갑고 더운 바람이
아무 색 없으나
세고 약한 성질은
맛을 아는 혓바닥 같아
만족을 모르며 그 칠줄 모르나

빛을 보며 춤을 추는
활자판 눌러 대는 손가락은
혓바닥에 박힌 눈동자같이
불을 보며 태양을 만들고 있다.

신부의 얼굴

눈 시리도록
하얀 면사포 변함없을까
밤이 길어질수록
겨울이 깊어 가는데
느리게 움직이는 외로움이
입김만 닿아도 녹는 가슴이
붉은 피 흐르는 체온으로도
화석같이 굳어 하얘지는 얼굴

움직일 수 없는 발걸음은
치마 깃이 짧아질수록
처녀 냄새는 속살에서 풍기며
등 뒤로 오는 임 소식 같은
발아래에 가득한
베넷 내 품어 올라오는데

사랑만큼 기다림이 지친 만년설은
신부의 얼굴만 그을려
빙하로 밀려 부서지는 설움을
혼례식장 하객들은
얼어붙은 가슴으로 붙들고 있다.

붕어빵

살찐 붕어빵 속 붉은 단팥은
심장 없는 것이 어디 있으며
마음 없는 사람이 어디 있으랴

저잣거리 붕어가
비릿내 싱싱한 다섯 마리는 만원
꼬순네 아삭한
불 속에 살았던 한 마리는 천원

썩은 물속 견디지 못하여
강물을 떠나는 붕어들이
불 속에서 살아나는 일이
입속에 고인 침으로 삼키는
붕어가 붕어빵 틀에서 펄떡거린다

세상이 오물같이 썩어도
붕어가 아니면 붕어빵이 되지 마라.

지칠 줄 모르나니

급한 일 하려다 지쳐서
끝없이 가려다가 지쳐서
쉬어 갈 법 알 것 같은데

하는 일들은 지치는 일이고
하는 일이 끝이 없는 법인데
밀리는 일들이 발전인지 과정인지
이것이 고통이라는 것을
참아야 하는 것도 지치는 일

기다리는 일도 지치는데
기다릴 것도 없는 계절이나
바람이나 강물이나
태양이나 하늘이나
지쳐 있는 뒷모습이 없다

지쳐 있는 사람들이
쉽게 쉽게 포기하는 것도
오래 버티지 못하는데
우는 것도 웃는 것도 지치고
한 시간 만에 일 분만에 지쳐서
짜증 나고 힘든 순간들이
끝없는 집착으로 지쳐버렸다

사람들은 꾸미는 만큼 지치고
꾸미지 않는 세상은 지칠 줄 모른다.

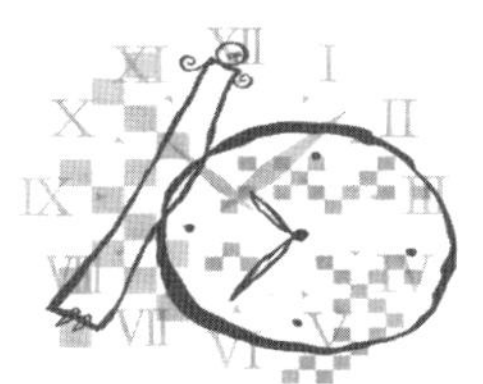

스키 타는 바람

바람이 스키를 타면
미끄러지는 분가루 날려
누워있는 빛에 부서지는
오색 광채 꽃송이가 된다.

쭈~우~욱 스르르
이등성이 저 등성이 돌아서
이 산 너머 저 산으로
사람들이 바람 타는
묘기를 보았던 구경꾼들이

바람같이 스키를 타고
오선지에 얼룩진 눈물이 모여
파도소리 싣고 바다로 간다.

굳은 살 겹겹이 쌓았던 세월은
사랑도 이별도 스키를 타고
강물 위에 미끄러져 바다로 간다.

바람의 기술

보이지 않은 먼 곳은
쌓인 슬픔으로 가득하여
애간장이 녹은
봇물 저절로 흐르는데

그 사이를 넘어서지 못하는
거기서 거기까지도
끝이 없다는 거리가
오직 기다리고 참아 가는 것

아픔을 이기려 힘을 키우고
빼앗기지 않으려 붙잡아도
지킬 수 없어 떠나는
바람이나 마음이나
똑같은 방법이었지만

거기까지만 보이는 것이
소중한 모양을 간직하려
끝까지 떠나는 바람을 붙잡고
숨소리조차 아낄 것 없이
목숨까지 바치는 일이다.

동냥 나온 황소 사슴 1

떨고 있는 가로등 적막한 거리에
따스한 불빛이 새어나온
길모퉁이 창문을 바라보며
자작나무 잠든 사이로 조심조심
무르팍이 빠지는 눈이 바싹 얼었던지
한 발 한 발 바스락 푹푹 깨지는
발 밟힌 낙엽 두고도 저녁밥 굶은 체
기름기 살찐 도시에서
고기 굽는 냄새가 구역질이 난다
사람냄새 저토록 사악한 집안에
희번덕거리는 백정의 눈동자는
저승사자 도둑같이 코앞에 있는데
번개 눈 주먹코 세워 씩씩거리며
화통같이 뿜어 나온 황소 힘이
숨 가쁘게 목숨 부지하는 구걸
한밤중에 이 집 저 집 동냥질하다
사람을 보았더니 백정이 보이는데
부릅뜬 눈으로 고개 젓는 저승사자는
가면 쓴 백정 얼굴을 왜 못 알아볼까.

동냥 나온 황소 사슴 2

마른 진흙땅에 박혀있는
하얀 맛을 핥아 먹고
꽃 대궁 받쳐 든 약초 뜯으며
송이 꿀맛으로 씹어
가득차고 넉넉한 하늘 우러러
목이 마른 기도 시간은 있는데
나누어 줄 지금이 없으면
목이 터지는 소리 지금 있는데
받아들여 줄 시간이 없다고
시간마다 사람들이
마른 소금을 먹고 황금 챙기려
끝없이 녹아나는 지금을 잊고
눈 한번 찔끔 주고 쌈지 털어 갈
냄새만 더듬는 더듬이를 세워
나 먹을 것은 있어도 너 줄 것이
가장 소중한 지금 없을 것이다.

어제의 하얀 맛을 기억하는가. 소금
오늘도 하늘을 바라보았는가. 지금
내일 일을 걱정 말고 베풀어라. 황금

눈사람

누가 날 만들었나
왜 날 만들었나

눈송이 하나하나가
세포 하나하나로 뭉쳐
사람으로 만들었다고
먹은 것도 없이 배부른
알몸에 걸친 축복이었나

날 만들어 날 닮은 사람으로
욕심이 단단히 꽉 차
뼈가 없으니 철이 없고
마음이 없으니 울림이 없어
욕심을 비우려다
찌그러지는 몰골은
서러운 눈물만 흘러내린다.

저 바닥 저 세상에 쌓인 눈이
단 하나의 눈사람 같은
만물을 깨우는 눈물의 자양분.

밤에 내리는 눈

칠흑 속 긴 긴 밤에
박꽃 피듯이 스르르 떠밀려
먹물 속으로 녹는 듯이
어둠을 다 묻어버리듯
검은 것을 뜯어 눈먼 눈으로
구석구석 묻어야 하는
아픈 곳을 싸매며 내린다.
수억만으로 쌓이고 뭉친
진을 치는 백혈구 세포같이
커피에 마른 우유 섞어 마시는
통증 멎어 달짝지근 홀(惚)홀한
쓰디쓴 밤에 단물나는 맛으로
검은 밤이라 하얗게 피었던가.
살아온다는 것이 파닥파닥
살아 있다는 것이 하얀 꽃이 되어
마음도 저리 검어 하얀 꿈들이
부르지 않아도 오는 새벽이고
기다리지 않아도 봄이 오는 것을
윗바람과 아랫바람이 짝짓기 한
한밤에 쌓았던 눈은 쨍쨍 눈부시다.

고드름 icicle

영혼에서 가장 순수한
눈송이에 실어 나르는 언어는
하얗고 하얀 세상 만들고

누가 가져갈 것도 없이 쌓인
붉은 입술에 피고 지던 언어는
아무도 주워 가지 않았지만

아낌없이 전할 수 있는 힘이
쪼아도 쪼아지지 않는 언어는
이슬로 녹는 서러운 눈물 기둥

북쪽 바람

멀리서 왔지만
매운바람이 무엇인지
서너 걸음을 가다가도
멀리 가는 십리 길처럼 숨이 차

세월 아픈 줄도 모르고
끝까지 돌아오기를
얼굴만 바라보며 만지작거린
태양에 달구어도

배부른 것만 있다면
흙이 드러날 것을 위하여
모든 세상이 살아남아야 하는
날 선 칼날이다.

팔자타령

생긴 대로 타고났으니
술사 손가락 마디 꼽으며
띠로 찾는 나이는
자축인묘진사오미신유술해
음양오행으로 둘러싸인
모르고 없는 세상 다 있다던

몰래 몰래

언재나 참지 못할 급한 생각 그대로
몰래 몰래 숨기던 가슴이었지
언재나 마음 바라던 줄까말까
네 마음 훔쳐보다가 들켜버려
둥실 뭉실 쿵쿵거려 차오르는 뜨거움이
네가 알까봐서 네가 볼까봐서
몰래 몰래 보면서 몰래 몰래 알고 있었지
끝내끝내 숨기며 몰래 몰래 참고 있겠지

언재나 참지 못할 같은 시간 이대로
몰래 몰래 기다리다 지쳐버려
언재나 마음 달래려 할까 말까
네 마음 알고 싶다며 손잡다가
둥실 뭉실 부풀어서 타는 가슴 팽팽 조여
네가 알까봐서 네가 볼까봐서
몰래 몰래 보면서 몰래 몰래 알고 있었지
끝내끝내 숨기며 몰래 몰래 참고 있겠지.

서용덕의 시 세계
—넉넉한 감성(感性)과 능란한 기교(技巧)의 서정시

도창회 (전 동국대학교 교수 · 문학박사)

평설 _

서용덕의 시세계

– 넉넉한 감성(感性)과 능란한 기교(技巧)의 서정시

서용덕 시집〈허허벌판〉을 읽고

도창회(전 동국대학교 교수 · 문학박사)

(I)

시가 좋아 시로만 살고자하는 시인, 시작활동이 곧 삶의 전부다라고 믿고 있는 시인

나는 [시인 되기 위하여 다 버려야 했다/……. 시를 위하여 할 수 있는 것은/ 나를 버린 씨름으로 /……. 시인이 되어 시인처럼/ 시와 같이 가련다] 시 〈시를 위하여〉에서 화자는 시작과정은 '나를 버린 씨름'이요, 뿐만 아니라 필요하면 '다 버려야 했다.'고 고백한 절규를 읊었다. 알래스카의 동토에서 생활하면서 오직 시 창작을 보람으로 살아 가는 화자의 시 한 편을 먼저 감상해 보자

〈불타는 보석〉

전령사 입춘으로
매운바람 몰아내어
동토 땅에도 봄이 오는가
바삭바삭한 설원 속에서
묻혀 있을 수 없는 몸부림은
붉은 핏빛으로 물들어
수줍어 깨어나는 것을
불타는 꽃으로만 피우고 싶어라
뼈 시린 얼음 땅을 녹여낼
시인의 따스한 온기를 느끼고 싶어
7월에 태어난 홍옥으로 지키고 싶어라
이 땅에 머무르는 날까지
인생은 여행이며 문학이라고
흥겨운 예술의 무대라 외치며
시가 있고 노래가 있는 가슴을 태워
불타는 보석으로 꼭 안아
혼 불로 태우는 불덩이로 빛나리라
알래스카에 우뚝 솟은 루비로
뜨거운 심장 속에
따뜻한 가슴으로 영원히 빛나리라.

알래스카 동토에서 머물면서 오직 일념으로 '불타는 보석(詩)을 꼬옥 안아 혼불로 태우는 불덩이로 빛나리라' 고 화자의 결연한 의지로 다짐하는 시를 음미하고 있으면 가슴이 뻐근함을 느낀다.

동토에 오는 봄, 묻혀 있을 수 없는 몸부림, 붉은 핏빛으로 묻든, 불타는 꽃, 7월에 태어난 홍옥, 혼불로 태우는 불덩어리, 뜨거운 심장 속 등 정열의 이미지 언어로 일관한 시가 주는 메시지는 우선 힘차서 좋다. 화자가 시정(詩情)을 표현하되 결코 설명이 아닌 암시(메타)로 엮어가는 시 솜씨 또한 놀랍다. 이 시에서 은연중에 음양(陰陽)의 대치가 보인다. 매운바람, 동토, 설원, 얼음의 땅 등의 시어가 절망이 음이라면, 몰아내고, (수줍어) 깨어나는, (꽃으로) 피우고, (얼음의 땅을) 녹여낼, (가슴을) 태워, 희망의 (온기를) 느끼고, (불덩어리로) 빛나리라 등의 시어가 희망의 양이라면 음양의 대치가 매우 조화롭게 이루어져 시작의 기교가 돋보이는 작품이라고 말하고 싶다. 이 시집의 많은 시 속에서 시어의 음양(陰陽)대치, 행간의 반어법(反語法), 희망과 절망의 긍정과 부정의 대치의 수사법의 변화나 강조의 기법이 들어 있음을 보게 된다. 예를 들면 그의 시 〈종살이〉를 읽으면 행복을 느끼는가 싶더니, 짜증이나 투정을 부리고, 호감으로 느끼는 만족이 곧 허공에 떠 있는 영혼으로 바뀐다. 그리고 긍정과 부정을 대비시키는 시로는 보내놓고 후회하는 〈위대한 선물〉, 〈놓아주지 않는 사랑〉, 〈모자란 사랑〉 등의 사랑 시들이 있다. 시작의 기교가 퍽 능란하다는 뜻이 된다.

(II)

시집 서문에서 화자는 사막과 같은 마음의 허허벌판에서 꽃을 발견한다. 꽃을 좋아하는 처지에 꽃이 피는 봄철을 반가울 수밖에 없다. 봄철에 그의 허허벌판에는 언제나 꽃으로 채워져 있었다. 가득 채우기를 바랐던 꽃은 다름 아닌 '꽃 같은 詩' 다. 그는 이렇게 적고 있다. 「지는 흔적으로 꽃밭에서 시작하여, 꽃밭에서 놀다가 꽃밭으로 가는 날까지 꽃밭을 떠나지 못하여 꽃을 피우고 가꾸는 글이 시가 되었다」고 했다. 꽃을 시로 환언하면 화자는 시 속에서 살다가 죽는 날까지 시를 떠나지 못하고 시를 쓰고 시를 가꾸는 일로 일관하겠다는 결연한 다짐이다.

화자는 「내 영혼이 뛰어나오는 대로 쉬운 뜻을 은폐하여 비틀어 감춘다. 심술부리듯 보물찾기 마냥 어렵고 난해한 시가 좋은 시인 줄 알아 쉬운 말을 감추어 쓰기를 좋아한다.」 화자는 은연중에 자기의 시작법을 이 글 속에 암시했다. 현대 시가 설명이 아니라 객관적 등가물(상관물)로 써가는 즉물시(卽物詩)를 선호할진데 '비틀어 감춘다.' 는 말이 실감이 난다. 아무려나 화자가 발간사에 언급한 데로 마음의 허허벌판에 사계절 피어 있는 꽃을, 즉 시를 음미해봄으로써 그의 시 모습을 가만가만 살펴보자.

1부 허허벌판에 꽃, 2부 벌판에 봄꽃, 3부 여름꽃, 4부 가을꽃, 5부 겨울꽃 모두 90여 편의 시꽃이 이 시집 속에 피어 있다. 먼저〈허허벌판〉의 시에 말을 감상해 보자.

〈허허벌판〉

쉬지 않고 드나드는
생생 바람이 콧구멍 모르게
제 자리를 떠나
산 넘어 강 건너에 있다기에
찾아 가보나 아무도 없고

바싹 비틀어진 허허벌판에
모래바람으로 묻힌 풀 한 포기는
한철 머무는 동안
단비만을 기다리는 통증 안고
온전히 부서지지 않는 하루를
하늘가 저쪽을 바라보며
애간장을 태우고 있는가.

이 시에서 화자가 산 넘고 물 건너 애써 찾아간 곳은 결코 비옥한 대지가 아니라 모래바람에 묻힌 풀 한 포기가 한 철 동안 목이 말라 단비를 간절히 기다리며 애간장을 태우는 불모지로 일단 설정하고 있다. 시를 쓰는 영토가 결코 평탄한 토지일 수는 없을 것이다. 그리고 생생 바람이 제 콧구멍도 모르게 제 자리를 떠나 찾아간 곳이 이렇게 가혹한 모래벌판일 줄은 꿈에도 몰랐을 것이다.

다시 애간장이 녹아나는 가야금 소리에 살풀이춤을 추는 현장감 어린 장면의 시 한 편을 먼저 음미해보자.

〈가야금〉

활시위 열두 줄을
가슴에 뉘어 눌어서
큰 화살 굵은 줄을 뜯어가며
애기화살 가는 줄 튕기면
영혼에 떠도는 파편들이
녹아나는 애간장이
가슴을 안아 우려내는
나비 되어 살풀이춤을 춘다.

늘 무르팍에서 다독거리는
떠나는 것을 찾아 부르는
부픈 소리 설은 소리로
팽팽하게 튕긴 아픈 소리들이
가슴을 뜯어 쌓이는
마음만 쓸어도 터지는 소리
간직할 수 없어 뛰어나오는
애타게 부르는 익은 소리들이
쉽디쉽게 녹아나는 가슴틀.

이 시는 일단 시제(詩題)인 가야금의 실상(實像)에서 느끼는 소리, 즉 청각적 이미지를 중요시해야 감상이 가능하다. 살풀이춤에 맞추어 튕기는 가야금 소리의 이미지가 어떨까 상상력으로 그려보는 게 그리 쉽지는 않을 것이다. 더더욱 그 소리의 이미지(心象)를 시어(詩語)로 나타내기란 무르녹는 감성이 없는 사람은 결코 불가능하리라 믿는다. 화자는 가야금의 줄을 퉁기는 소리를「영혼에 떠도는 파편들이/ 녹아나는 애간장이/ 가슴을 안아 우려내는/ 나비되어 살풀이춤을 춘다」고 했고, 그리고 가야금을「부픈 소리 설은 소리로/팽팽하게 퉁긴 아픈 소리들이/ 가슴을 뜯어 쌓이는/ 마음만 쓸어도 터지는 소리/ 간직할 수 없이 뛰어나오는/ 애타게 부르는 익은 소리들이/ 쉽디쉽게 녹아나는 가슴틀」이 녹아나는 '가슴틀'이 곧 가야금 악기이라고 읊었다. 살풀이 춤을 추는 무희를 상상해보면 쉽디쉽게 녹아나는 가슴 틀이 가야금임을 읽을 수 있으리라. 읽음에 애쓰지 않아도 시어에 집중하면 애절한 가야금 소리가 귀에 들리는 듯 가슴속을 휘젓는다. 그러면 화자의 창작기법을 달리한 달콤한 감각을 자극시키는 감성의 사랑시 한 편을 감상해보자.

〈사랑의 호흡〉

봄은 내 나이만큼 왔다 갔지만
한 번도 느껴보지 못했던
사랑의 뜨거운 호흡을
연인의 치마 속에서 펄럭이는
봄바람을 보았다

끓는 심장은 내 손목을 잡아 이끌고
물오른 계곡에 이르러
훈훈하게 익은 바람을 타고
거친 숨소리로 헐떡거리며
해산의 고통으로 남긴 타는 몸부림

언 땅에도 뿌리깊이 파고든
부푼 바람 소리가 녹아
으~윽 흐흐~응 껍질이 터진
봄바람 뜨거워 꽃이 피어나듯
애인의 치마 속은 펄럭펄럭.

이 시는 사랑의 뜨거운 호흡으로 대표되는 성애(性愛)장면을 떠올리면 한층 쉽게 감상이 되리라 본다. 「한 번도 느껴보지 못했던/ 사랑의 뜨거운 호흡」을 연인의 치마 속에서 펄럭이는 '봄바람'을 보았다고 솔지히 실토했다. 「해산의 고통으로 남긴 타는 몸부림」은 헐떡대는 숨소리로 미루어 보아 아픈 고통을 호소하는 현장이 아닐까 한다. 마지막 연은 더욱 노골화되어, 으~윽 흐흐~응 의성어의 효과를 차입하고 애인의 펄럭이는 치마 속의 풍경을 감각적 언어를 도입해 '껍질이 터진' '봄바람이 뜨거워'란 표현을 서슴지 않았다. 퍽 에로틱한 시상이 아름답게 형상화되었다고 하겠다. 시란 때때로 나성(裸性)의 표현이 인상적일 수도 있다고 생각된다. 말초신경을 자극시키느 감각적 언어가 주목을 끌 수가 있다는 점도 잊어서는 안 된다. 그리고 사랑 시로 부부간에 맞추어 가는 〈사랑의 방정식〉, 남녀 간의 변화를 촉구하는 〈사랑의 혁명〉도 내포성이 강해 감칠맛이 난다.

그러면 예서 풍부한 감성과 적확한 이미지로 엮은 그의 대표작품인 즉물시(卽物詩) 2편을 음미해 보자

〈해바라기〉

새벽으로 마중하는
기다림에 홀린 듯 따라 다닐
같이 닮아가는 붉은색으로

밤새 쓴 내 나는 목구멍에서
마른침을 삼키며
멍추지 않고 바라다보는 것

빈 것으로 채워진 점박이를
고개 들어 올려다보는
타는 꽃으로 피어날 때

하늘 같은 마음은
태양이 부서지는 쪽으로
까맣게 그을려 익어가는 얼굴.

즉물시(卽物詩)란 아치볼트 머클리쉬의 사물 시(事物詩)를 말한다. 사상주의자(寫像主義者: imagist)들의 시의 모토 인 'Say it no ideas but in things'(시는 설명이 아니라 사물(事物)로 말하라' 에 입각한 시관으로 구체적(concreat)이고 적확한(exact) 이미지를 도출할 수 있는 사물을 강요한다. 구체적이면 구체적일수록 이미지는 더 돌올하게 빛나는 법이다.

이 시에서 해바라기란 실상(實像)의 이미지(心象)를 얼마나 정확하게 보았는가 중요하다. 해바라기는 '해를 바라기하는 꽃' 이다. 바라다보고 닮아가고 싶은 꽃이 해바라기의 이미지가 아닐까. 눈부신 태양을 올려다보며 까맣게 그을려 익어가는 낯짝(얼굴)로 퍽 구체적 심상으로 빛나고 있다. 이글거리며 타는 태양을 노려보며 닮고 싶어 하는 해바라기나 임을 향해 애타게 갈구하는 연인이나 무엇이 다를까. 유추(類推)로 바라보면 시 속의 해바라기의 암시성이 퍽 신성해 뵌다.

〈석 류〉

목마르게 타는 노을빛 보다
뜨거운 신열로 터지고 마는
이 모든 것이 핏빛이라고

돌이킬 수 없는 가슴을 찢어
상처로 치유할 수 없는
기다림의 해산

가마솥에서 견딜 수 없도록

끓임없이 끓고 있었던
붉어질 때까지 빛나는 홍보석.

석류를 바라다본 화자의 이미지(心象)가 과연 객관적인 인식이 갈까가 문제이다. 가을볕에 껍질이 터져 홍보석을 들어낸 석류를 구체성을 띄워 적확하게 그려낸 이미지시다. 「목마르게 타는 노을빛보다/ 뜨거운 신열로 터지고 마는/ 이 모든 것이 핏빛이라고」 1연의 석류알의 색깔에 대한 이미지가 눈에 보이는 듯 너무나 선명하다. ‘신열로 터지는 핏빛’ 은 사랑의 안달을 진홍색의 핏빛으로 유추로 비겨 놓아 시작기교가 매우 돋보이고 있다. 2 연의 「돌이킬 수 없는 가슴을 찢어/ 상처로 치유할 수 없는/ 기다림의 해산/ 에 가슴을 찢은 상처로 치유할 수 없는 기다림의 해산」은 ‘갈라진 석류의 이미지’ 로 띄워 아픔의 느낌을 극대화해 놓았다. 마지막 연에 「가마솥에서 견딜 수 없도록/끓임없이 끓고 있었던/ 붉어질 때까지 빛나는 홍보석/에 붉어질 때까지 가마솥에 끓이고 있었던 나는 홍보석」의 붉은 이미지가 석류라고 읊었다. 석류의 성숙 이미지가 이내도록 화자의 가슴에 흥건히 적셔질까 참 감동스럽다. 이 두 편 절창의 시 외 에도 사물을 소제로 한 시들은 많다.

(Ⅲ)

서용덕 시인 시작품들을 감상의 마무리를 하면서 필자가 느낀 소감을 총체적으로 설파해야 하는 시점인 것 같다. 최근 유행하는 비평에 「시를 시로 보고 비평하라」란 신비평(New criticism)이 있다. 이 말은 시 장르의 장르적 본질로 시를 쓰라는 말 뜻인바, 시는 '시만 되면 되는 글' 이란 말과 같이 시를 평하되 시의 본질에 입각하는 탐미의 과정일 뿐 그 외 시 외적인 요소들을 삼간다는 뜻으로, 가령 역사비평, 전기비평, 서지비평 따위는 비평에서 빼버리라는 것이다. 필자도 서용덕시인의 시를 시 외적 요소를 접고 시만 보고 평했다는 말을 하고 싶다. 시인은 이성(理性)보다는 감성이 넉넉한 사람이 명시를 쓴다. 이성에만 호소하는 사람은 멋이 없다. 감성은 감정과 같은 동의어로 emotion (feeling),가슴에 우러나오는 감정이다. 서용덕시인의 시들은 모두 섬세한 감성의 소산으로 서정시(Lyric Poem)이다. 시마다 내용의 함축(응축)이 엄격하고, 사상(事像)의 등가물로 대신 되는 시상(詩想)이 아름다운 서정시다. 그리고 유추(類推)로 바라볼 수 있는 암시성이 짙어져 있어 시의 태크닉(기교)이 또한 매우 돋보이는 작품들이다. 무르녹는 감성이 베인 시속에 암시가 주는 인간의 의미가 무엇일까. 씹으면 씹을수록 그만의 독특한 맛이 우러나온다고나 할까.